LETTRE

DE M. CONDORCET,

A M * * *,

*Magistrat de la ville de *** , en Suisse.*

PERMETTEZ, Monsieur, qu'au moment où l'on cherche à jetter des semences de discorde entre nos deux Nations, un François qui connoît depuis longtems votre zele pour la Liberté universelle du genre humain, vous adresse quelques réflexions sur les véritables intérêts de votre Patrie.

Vous auriez dû voir la révolution françoise avec plaisir : un peuple libre de plus dans la balance de l'Europe, assuroit la liberté de tous les autres.

Vous auriez dû, au premier signal de mouvement dans nos troupes, redemander vos régiments, non avec humeur, mais comme ne pouvant plus, sous la Constitution nouvelle, exister tels qu'ils étoient sous l'ancienne.

Au lieu de vous effrayer de cette prétendue propagande à laquelle nos émigrés ont donné une importance ridicule, vous auriez dû nous faire sentir que la justice et l'intérêt commun de tous les peuples étoit de maintenir pour chacun d'eux le droit exclusif et indépendant de changer lui-même ses Loix, et les François vous auroient bientôt entendus.

Mais les intérêts particuliers de quelques familles accréditées l'ont emporté sur ceux de la Nation Suisse.

Depuis la Constitution du 3 Septembre 1791, il n'existoit pas en France un homme éclairé qui ne sentît que l'obstination du Roi à conserver un régiment de Gardes-Suisses, malgré les dispositions expresses de l'acte constitutionel, devoit amener de grands malheurs. L'assemblée Nationale n'a rien négligé pour les prévenir.

Parcourez nos Procès-Verbaux et vous verrez sans cesse les Députés patriotes solliciter l'éloignement des Gardes-Suisses. Nous ne pouvions pas tromper le Peuple en lui disant que vos Compatriotes, que nous savions être séduits par leurs Chefs, être travaillés par des Emissaires de la Cour, n'étoient pas dangéreux pour notre Liberté. Nous voyions la défiance et l'animofité entre eux et nos Concitoyens s'accroître chaque jour d'une maniere effrayante. Nos efforts ont été rendus inutiles par la perfidie du château : au moment même où, la Constitution à la main, nous demandions le départ de cette Garde proscrite par elle, le Roi en avoit rempli secrettement son Palais. Au moment où il l'abandonna pour chercher sa sûrêté dans l'Affemblée Nationale, il laiffa aux Suiffes l'ordre de faire feu fur les François, et cet ordre fut éxécuté à l'instant même où des paroles de paix étoient portées et reçues. Ce n'eft donc pas au Peuple François, Monfieur, c'eft à une Cour confpiratrice que vous devez imputer la mort de vos Concitoyens. Elle eft le crime non de la Nation, mais du Roi.

Ces faits font juridiquement prouvés , font appuiés fur des faits authentiques. Une lettre trouvée fur un caporal tué le 10, et écrite à fa fille, ne laiffe aucun doute fur les fuggeftions employées pour tromper les foldats.

On a dit que vous ne reconnoîtriez point le Peuple François, comme formant une Nation, parce qu'il n'a plus de Roi. Mais vous - même vous n'en avez point, et le

Peuple François ne refuse point de vous reconnoître. N'avez-vous pas aussi détruit la noblesse dans presque tous vos états, il y a quelques siecles ? N'avez-vous pas dans plusieurs cantons, chassé les prêtres de l'Eglise romaine et saisi leurs biens ? Et vous nous traiteriez en ennemis, parce que nous avons voulu vous imiter, parceque nous avons fait quelques siecles trop tard, ce que vous avez eu le bon sens de faire il y a longtems. Il est vrai que nos Loix ont aboli toutes les distinctions et que les vôtres en ont conservé de toute espece. Mais qu'en résulte - t - il ? Sinon que nous avons suivi comme vous dans votre systême politique, l'esprit du tems où nos Loix ont été faites ?

Convenez, Monsieur, qu'un Peuple a toujours le droit de se donner des Loix et de les changer ; convenez qu'il a le droit de se délivrer d'un Roi, d'un Seigneur qui a violé ses Sermens. Montrez que vous regardez notre conduite comme légitime, ou bien l'héritier de la Maison d'Autriche viendra, de vieilles chartes à la main, révendiquer les Droits que vous lui avez ôtés, la Souveraineté dont vous l'avez dépouillé.

N'oubliez pas que Joseph II. faisoit chercher ces titres dans vos Archives, qu'il payoit des traitres pour les y voler.

(5)

Vous n'êtes plus ce Peuple pauvre qui n'avoit que du fer. D'immenses capitaux, produit de votre industrie, ont été versés sur ce sol jadis ingrat, aujourd'hui fertile ; vous avez des villes riches, commerçantes, vos terres se vendent plus chèrement qu'en aucun pays du monde, vos Citoyens ont de l'or, vos états ont des trésors, vous êtes devenus dignes de tenter l'avidité des despotes et ils ne vous épargneront pas.

Comparez avec moi le résultat de deux systêmes entre lesquels vous avez à choisir, celui de votre union intime avec la France libre et triomphante, celui où la France abandonnée ou attaquée par vous, pourroit être subjuguée ou forcée de soumettre sa politique à celle du Cabinet de Vienne.

Dans le premier, votre indépendance est assurée ; une république de vingt-six-millions d'hommes vous la garantit et par loyauté et pour l'intérêt de sa sûreté. Dans le systême contraire, entourés de toutes parts par les possessions de la Maison d'Autriche ou des Princes soumis à sa puissance, vous n'aurez que l'indépendance qu'elle voudra vous laisser, vous ne serez libres que si elle aime mieux vous ruiner, que, vous conquérir.

(6)

Supposons que les Rois se prêtent au délire de l'ambition de quelques Bernois, que Neuchâtel et la Franche-Comté soient le prix de la guerre que le Canton de Berne feroit à la liberté; quel bien en résulteroit-il pour vous? d'être, sous le nom d'alliés, les esclaves de l'orgueil d'un de vos co-états ou d'être partagés entre la France et l'Autriche réunies contre vous.

L'exemple de la Pologne doit effrayer toutes les Nations indépendantes, et il faudroit être aveugle pour ne pas voir que le syftême des partages est devenu celui des grandes monarchies.

Songez que vous êtes l'unique barriere entre la Maison d'Autriche et l'Italie, où cette puiffance regne feule en ce moment; songez qu'elle ne négligera aucun moyen d'affurer cet Empire aujourd'hui précaire, qu'elle ne doit qu'à la foibleffe du Roi de Sardaigne, à la corruption de Venife, aux trahifons de la Reine de Naples.

Un traité entre nous est facile à faire. La garantie refpective de l'intégrité de la France et des États Suiffes, la garantie non moins importante de leur indépendance en feroit la bafe.

La condition feroit, pour la Suiffe, de

fournir des armées pour défendre la France de toute attaque sur la frontière d'Italie et sur celle d'Alsace jusqu'à Landau. La condition, pour la France, seroit de défendre la frontiere de la Suisse du côté de l'Italie et de celui de la Souabe. Dans ces deux suppositions d'attaque, la puissance alliée se trouve sur le flanc des ennemis de la puissance attaquée.

Des intérêts aussi évidents, aussi puissans, ceux de votre Liberté, ceux de votre indépendance, seroient-ils donc balancés par la crainte de l'introduction des principes françois. D'abord, quel mal vous feroient ces principes, si vous les adoptiez ? Ils déplaceroient les divers pouvoirs; mais comme vous n'avez ni Noblesse, ni Clergé à détruire, comme vos droits féodaux librement conservés par d'anciennes conventions, ne peuvent être chez vous l'objet d'un mouvement général, comme vos impôts sont légers, vous n'avez à craindre aucune de ces agitations qui soulevent à la fois toute la masse d'une Nation.

D'ailleurs vos Chefs se flatteroient-ils de faire croire éternellement aux Helvétiens qu'ils tiennent leur Liberté non de la nature, mais de chartes écrites il y a quel-

ques ſiècles ; qu'ils doivent rester éternellement ſoumis aux Gouvernemens que ces
chartes ont établis ; que les hommes du 14e.
du 15e. du 16e. ſiècle avoient bien le droit
de ſe donner les Loix les plus propres à
faire leur bonheur, mais que ce ſeroit un
crime pour leurs deſcendans de vouloir exercer ce même droit dans le 18e. ſciècle ;
qu'alors les hommes étoient aſſez éclairés,
aſſez ſages pour choiſir la Conſtitution qui
leur convenoit, mais que depuis qu'ils ſavent
lire, depuis que les vérités fondamentales
de l'ordre ſocial ont été analyſées et diſcu-
tées chez tant de peuples, ils ſont devenus
incapables de faire ce choix. Ces Chefs
s'imaginent - ils faire croire encore long-
temps à leurs Concitoyens que la qualité
de Bourgeois de tel ou telle ville, tranſ-
miſe par héritage ou acquiſe ſuivant une
certaine forme, donne ſur les habitans d'un
territoire un droit de ſouveraineté éternel
et irrévocable.

Non ſans-doute, le principe des Conſti-
tutions Américaines et Françoiſes, celui de
la ſouveraineté inaliénable du Peuple, eſt
maintenant une de ces vérités qu'il n'eſt
plus poſſible ni d'obſcurcir par des ſo-
phiſmes, ni de cacher aux hommes les

moins éclairés : et le moyen de faire haïr à un Peuple son gouvernement actuel, seroit de s'obstiner à lui dire qu'il n'est pas en droit de le changer. Il verroit qu'on veut le tromper pour l'asservir, l'aveugler pour le dépouiller.

Tout Prince, tout Sénat, tout corps de Citoyens qui méconnoîtra cette maxime sacrée, se déclarera par cela seul, l'ennemi et le tyran du Peuple qu'il veut gouverner malgré lui.

Voulez-vous conserver vos Gouvernements tels qu'ils sont, n'irritez pas vos Cytoyens en leur contestant leurs droits, mais gouvernez avec assez de justice et de sagesse pour qu'ils craignent les changemens, aulieu de les désirer. Ne voyez-vous pas qu'en traitant les François comme des ennemis parcequ'ils professent les vérités que vous craignez, vous les obligez pour leur propre sûreté, à faire tous leurs efforts pour les répandre. Ne voyez-vous pas que les Gouvernemens en se déclarant contre nous, nous forcent à chercher des alliés dans ces mêmes Peuples dont leurs Chefs trahissent et méconnoissent les droits. Pour ceux qui sont persécutés, le prozélytisme devient une arme que le droit de la défenſe naturelle leur commande d'employer.

Ainſi, vous n'empêcherez point les vérités, qui ont été le principe de notre révolution, d'être connues, adoptées parmi vous comme dans tout autre pays, et en vous uniſſant à nos ennemis, en paroiſſant les favoriser, vous ne ferez qu'augmenter en nous le déſir de répandre ces opinions parmi vous. Vous ne ferez que montrer à vos Citoyens la néceſſité de mettre en pratique ces maximes ; car ils ſentiront aiſément que vos Chefs ne haïroient pas tant ces principes, s'ils n'avoient pas le déſir coupable d'abuſer d'un pouvoir qu'eux-mêmes en ſecret regardent comme illégitime.

Le temps de tromper les hommes eſt paſſé, et les Gouvernemens quels qu'ils ſoient, qui voudroient encore fonder leur pouvoir ſur l'ignorance et les erreurs des Peuples, doivent s'attendre à voir le coloſſe de leur Puiſſance s'écrouler bientôt ſur ſa base trompeuse et fragile.

Enfin vous avez des Cantons, des Etats alliés purement démocratiques ; eſpérez-vous les aveugler au point de ne pas voir que notre cauſe eſt la leur, de ne pas ſen-

tir qu'il vaut mieux pour eux devoir leur
sûreté, leur indépendance à la noble amitié
d'une démocratie de 26 millions d'hommes,
qu'au mépris des tyrans de la Germanie.
Les frères, les descendans de Guillaume
Tell, rougiroient d'accepter cette honteuse
protection. Les successeurs d'Albert d'Autriche, les héritiers de Charles-le-Témé-
raire sont encore à vos portes, ils y sont
avec l'insolence héréditaire des brigands
couronnés; ils sont là pour exercer sur un
Peuple libre, ces fureurs auxquelles vos
ancêtres ont su échapper. C'est entre des
Tyrans sans pudeur et des hommes libres,
c'est entre les successeurs de Gessler, et les
imitateurs de Tell, que les Suisses encore
dignes de ce nom, que ceux qui n'ont point
plié la tête sous le joug de l'aristocratie,
ont à choisir aujourd'hui. Croyez-vous
qu'ils puissent hésiter? Non : les d'Erlach,
les nobles despotes de Berne peuvent tra-
hire leur pays, peuvent trafiquer de sa liberté contre l'or de l'Autriche; mais les
braves Paysans des montagnes de l'Hel-
vétie ne se laisseront pas séduire par ces
vils esclaves, accoutumés depuis tant de
siècles à vendre aux Rois le sang de leurs

frères. C'est à Berne que sont aujourd'hui les Gisler, C'est là que, s'il reste encore dans les veines des Suisses quelques gouttes du sang de Tell, ils doivent aller combattre la tyrannie.

FIN.